*I don't know the question,
but sex is definitely
the answer.*

Woody Allen

How to play this game?

The game includes three stages:

Stage 1: Look at "Body Part" word search and find only one word. The words you can find are:
LIPS, THIGH, NECK, NAVEL, EARS, HAND, NIPPLE, BOOBS, YOURCHOICE, FOOT, ASS.

Stage 2: Look at "Action" word search and find only one word. The words you can find are:
KISS, LICK, BLOW, YOURCHOICE, TOUCH, SUCK, TICKLE, EMBRACE, MASSAGE.

You can set a time limit for finding a word, e.g. two minutes.

Stage 3: Take a word representing a body part (e.g. lips) and a word found in the second word search (e.g. touch) and take action (touch lips).

BODY PART

```
D H Y J F O O T Q R Z A Y Z O L J
B O Q L R R H L M C X Q O F L Z B
N X H G E F N C J G X M W W Q W O
U A E Q L A J Y L T X A P O S W O
U W D Q M B D N H I Q O R Z P X B
I P R U X V B E E W Y L U L L L S
G B F P Q W E C E R O I Q V R C V
S F M S Q V K K Z D U P E K X M N
E F I V N Y Q N G I R S F M N E Y
N A Q G R Q T E K M C W Q X I A W
I A S S F Z A Q T G H Z L J D R D
P H Q J F F D G W Y O K Q H R S K
P X D U R Y H A N D I Q J J B E E
L M H T H I G H U R C N J H G J V
E K O X N A V E L S E R F Y B T T
S Q U W S T P J B G A G D S R N B
T A B W O E V Q V P G D S U E V X
```

ACTION

```
K I S S R S Q L W W B B T J M Q S
K K A I G L N A C I T Z K J Z N M
B F Q U S K Z V F E M B R A C E N
Q H Y W B O D S C D R W P G A V B
Q U O N M T O T R B S R T B O O K
P F U M C P G Z O A H B M C R I V
P L R P I Q I S J J T F Q Z I Q D
C A C C K A I T U U B X Y A B G E
A V H R D Z J R X E N Q P F K A K
V T O T O U C H F O V L C Y H U V
V X I S Q I Q E V C I P V K N V P
K P C K R H K R U R Z A K B L O W
M S E Q S K E C B E P L Z E D X Y
Q L Q M U Z F N Q X T J N D Q F W
T Z T I C K L E O V C E S I W X S
Y T B Q K T D M A S S A G E I J J
Q K B V X L I C K S I I B N H Q H
```

BODY PART

N A V E L Y Z G R F Y P B W R T W
T M D E V G E I E C C G X A X I E
W I F J D T Z G V L F H W R R N L
M Z P P E Q C B J K E M L D F K S
Z W K Z K F O O H X F Z D J B D L
T K T Y P V T O Q T O A N M V M B
T W M T M A U B B V P F K T X I T
Z Y N E I S F S U E J Y A H B N O
O O V S O M S N F A H O Z I Z E A
A I H P Y E E Y C R L U L G O C N
S L C N Q N B F I S U R I H I K E
S K T I F Q F A E M A C E K C I H
Y V S P I W W Q U V F H G V K D E
D W T P O F O O T S F O S Q I R Q
G T K L X O J T X A Y I A L I P S
E M G E T U R J A Y Z C T K U R C
O J Z D X D R B Y F A E H A N D O

ACTION

```
T Y P D S L K X D Z D J X Y Y N W
B W L F O R L A H P T C C Y I L G
H K U J K Z E H P C E G W M M W N A
C X H S I D G L I C K T R G N O S
T M Y D S Q I O C T X H E G G S V
U T I C K L E D R W E U P L G E K
G A I M Y T Y I Z A M W T T U I G
A D Y Z S E O H G B J O M T S Y
M X W X W L F X X E R T U W K U O
Z Z X P E T T V D H A G C L H C U
D F P Q A W X N Q T C D H U E K R
G R R C O D J M Q G E G M P Q A C
B P L E Y A W U O V T T H Z U I H
L L M Y E I G A G M A S S A G E O
O C E V K K B O H R W K L C N N I
W Y K I S S F B K Y N Q D P T P C
I H I H X I A S D X B D Q Q R Q E
```

BODY PART

```
A O Q R P M M I W M O Z G I L U D
Q O P D S P Y T K C J X D L D U S
A H Z I Z T Y R B T Q O I E L N Z
Y O U R C H O I C E K Y E A Y A X
Y U V P K Y H T B Q I Y E R F F L
Z A K Y V K G N L T A F B S N O X
D J N W M A D T I W A D O D R O F
F N A V E L R J P K S G Q C Q T C
G U P Y W K E O S S F J K B U J Z
T W T I I C Q M M I Z N W J S B J
F D W N I P P L E Y T E E C O E H
E X S Q T A K F J D C C R D Z V A
Q A Y I G S O J M B T K B W T V N
M R V E Q S B Y V O W G D D V Z D
T X W J M G D U E O Y I B E I S X
V F R M M R J K T B T H I G H R S
L H W Q W M G V H S C D S U Q V Q
```

ACTION

```
H J Q L L S Y D V S X L J A K Z O
E Z G Q W Y R F W Z P V M B N N T
R Q M P N E Y O U R C H O I C E U
N F N H Z K H I M Y M I P O W C U
R L S H R V K N T S M I R B X T X
C M Z K U H G X D H F L I C K D T
V U V J Q W M K G L X A P Q T J F
T T B F Q S U C K T U P X B D Y X
L J N D T A V V E B C H J V T P B
Z H A S B L O W L G K I S S I D C
A B Z P E M B R A C E K L N C Y J
T U Y R F C C C O B R T V N K I Z
J A R D K S K A O X T O X J L V W
M A S S A G E W Y N Q U K Z E J F
O H U Z A K S U Z X Y C T Z N T R
J L Z U Z N T S N P L H K H H Z T
B G R T G T B T B W M S I O I U R
```

BODY PART

```
D H Y J F O O T Q R Z A Y Z O L J
B O Q L R R H L M C X Q O F L Z B
N X H G E F N C J G X M W W Q W O
U A E Q L A J Y L T X A P O S W O
U W D Q M B D N H I Q O R Z P X B
I P R U X V B E E W Y L U L L L S
G B F P Q W E C E R O I Q V R C V
S F M S Q V K K Z D U P E K X M N
E F I V N Y Q N G I R S F M N E Y
N A Q G R Q T E K M C W Q X I A W
I A S S F Z A Q T G H Z L J D R D
P H Q J F F D G W Y O K Q H R S K
P X D U R Y H A N D I Q J J B E E
L M H T H I G H U R C N J H G J V
E K O X N A V E L S E R F Y B T T
S Q U W S T P J B G A G D S R N B
T A B W O E V Q V P G D S U E V X
```

ACTION

```
H  J  Q  L  L  S  Y  D  V  S  X  L  J  A  K  Z  O
E  Z  G  Q  W  Y  R  F  W  Z  P  V  M  B  N  N  T
R  Q  M  P  N  E  Y  O  U  R  C  H  O  I  C  E  U
N  F  N  H  Z  K  H  I  M  Y  M  I  P  O  W  C  U
R  L  S  H  R  V  K  N  T  S  M  I  R  B  X  T  X
C  M  Z  K  U  H  G  X  D  H  F  L  I  C  K  D  T
V  U  V  J  Q  W  M  K  G  L  X  A  P  Q  T  J  F
T  T  B  F  Q  S  U  C  K  T  U  P  X  B  D  Y  X
L  J  N  D  T  A  V  V  E  B  C  H  J  V  T  P  B
Z  H  A  S  B  L  O  W  L  G  K  I  S  S  I  D  C
A  B  Z  P  E  M  B  R  A  C  E  K  L  N  C  Y  J
T  U  Y  R  F  C  C  C  O  B  R  T  V  N  K  I  Z
J  A  R  D  K  S  K  A  O  X  T  O  X  J  L  V  W
M  A  S  S  A  G  E  W  Y  N  Q  U  K  Z  E  J  F
O  H  U  Z  A  K  S  U  Z  X  Y  C  T  Z  N  T  R
J  L  Z  U  Z  N  T  S  N  P  L  H  K  H  H  Z  T
B  G  R  T  G  T  B  T  B  W  M  S  I  O  I  U  R
```

BODY PART

```
J U B K E Q M B I Y D M A T M V J
Y C R P S X K S M U X T N K Q O M
M U Q V P I E Y N A S Z H Z M D P
Q T Z N N G G Z O S Q A G R M O Y
H T N V W V S Q V K L G P Q A I N
U X I I W Q N E C K A E I L O J U
Y O U R C H O I C E F R M U D Q I
Y U W L I P S U X G Z N S E J H Y
Y D N I P P L E L F B S Q S L I D
E B B O O B S G S E Z W K Y J I V
E E P A L Y M U J W V Q H J J E F
H A T H I G H T V A V V K G Z N O
A R U H M F E O E G E B O W T M O
N M H O U M Z P X B K V E Q M P T
D A S S Y B U F E Z W D A Z N Y J
C H J C P V I S Q I H I R K M E I
Q M Y N A V E L Z O V Z S U A C R
```

ACTION

```
K  I  S  S  R  S  Q  L  W  W  B  B  T  J  M  Q  S
K  K  A  I  G  L  N  A  C  I  T  Z  K  J  Z  N  M
B  F  Q  U  S  K  Z  V  F  E  M  B  R  A  C  E  N
Q  H  Y  W  B  O  D  S  C  D  R  W  P  G  A  V  B
Q  U  O  N  M  T  O  T  R  B  S  R  T  B  O  O  K
P  F  U  M  C  P  G  Z  O  A  H  B  M  C  R  I  V
P  L  R  P  I  Q  I  S  J  J  T  F  Q  Z  I  Q  D
C  A  C  C  K  A  I  T  U  U  B  X  Y  A  B  G  E
A  V  H  R  D  Z  J  R  X  E  N  Q  P  F  K  A  K
V  T  O  T  O  U  C  H  F  O  V  L  C  Y  H  U  V
V  X  I  S  Q  I  Q  E  V  C  I  P  V  K  N  V  P
K  P  C  K  R  H  K  R  U  R  Z  A  K  B  L  O  W
M  S  E  Q  S  K  E  C  B  E  P  L  Z  E  D  X  Y
Q  L  Q  M  U  Z  F  N  Q  X  T  J  N  D  Q  F  W
T  Z  T  I  C  K  L  E  O  V  C  E  S  I  W  X  S
Y  T  B  Q  K  T  D  M  A  S  S  A  G  E  I  J  J
Q  K  B  V  X  L  I  C  K  S  I  I  B  N  H  Q  H
```

BODY PART

```
N A V E L Y Z G R F Y P B W R T W
T M D E V G E I E C C G X A X I E
W I F J D T Z G V L F H W R R N L
M Z P P E Q C B J K E M L D F K S
Z W K Z K F O O H X F Z D J B D L
T K T Y P V T O Q T O A N M V M B
T W M T M A U B B V P F K T X I T
Z Y N E I S F S U E J Y A H B N O
O O V S O M S N F A H O Z I Z E A
A I H P Y E E Y C R L U L G O C N
S L C N Q N B F I S U R I H I K E
S K T I F Q F A E M A C E K C I H
Y V S P I W W Q U V F H G V K D E
D W T P O F O O T S F O S Q I R Q
G T K L X O J T X A Y I A L I P S
E M G E T U R J A Y Z C T K U R C
O J Z D X D R B Y F A E H A N D O
```

ACTION

```
T Y P D S L K X D Z D J X Y Y N W
B W L F O R L A H P T C C Y I L G
H K U J K Z E H P C E G W M W N A
C X H S I D G L I C K T R G N O S
T M Y D S Q I O C T X H E G G S V
U T I C K L E D R W E U P L G E K
G A I M Y T Y I Z A M W T T U I G
A D Y Z D S E O H G B J O M T S Y
M X W X W L F X X E R T U W K U O
Z Z X P E T T V D H A G C L H C U
D F P Q A W X N Q T C D H U E K R
G R R C O D J M Q G E G M P Q A C
B P L E Y A W U O V T T H Z U I H
L L M Y E I G A G M A S S A G E O
O C E V K K B O H R W K L C N N I
W Y K I S S F B K Y N Q D P T P C
I H I H X I A S D X B D Q Q R Q E
```

BODY PART

```
A O Q R P M M I W M O Z G I L U D
Q O P D S P Y T K C J X D L D U S
A H Z I Z T Y R B T Q O I E L N Z
Y O U R C H O I C E K Y E A Y A X
Y U V P K Y H T B Q I Y E R F F L
Z A K Y V K G N L T A F B S N O X
D J N W M A D T I W A D O D R O F
F N A V E L R J P K S G Q C Q T C
G U P Y W K E O S S F J K B U J Z
T W T I I C Q M M I Z N W J S B J
F D W N I P P L E Y T E E C O E H
E X S Q T A K F J D C C R D Z V A
Q A Y I G S O J M B T K B W T V N
M R V E Q S B Y V O W G D D V Z D
T X W J M G D U E O Y I B E I S X
V F R M M R J K T B T H I G H R S
L H W Q W M G V H S C D S U Q V Q
```

ACTION

```
H J Q L L S Y D V S X L J A K Z O
E Z G Q W Y R F W Z P V M B N N T
R Q M P N E Y O U R C H O I C E U
N F N H Z K H I M Y M I P O W C U
R L S H R V K N T S M I R B X T X
C M Z K U H G X D H F L I C K D T
V U V J Q W M K G L X A P Q T J F
T T B F Q S U C K T U P X B D Y X
L J N D T A V V E B C H J V T P B
Z H A S B L O W L G K I S S I D C
A B Z P E M B R A C E K L N C Y J
T U Y R F C C C O B R T V N K I Z
J A R D K S K A O X T O X J L V W
M A S S A G E W Y N Q U K Z E J F
O H U Z A K S U Z X Y C T Z N T R
J L Z U Z N T S N P L H K H H Z T
B G R T G T B T B W M S I O I U R
```

BODY PART

```
D H Y J F O O T Q R Z A Y Z O L J
B O Q L R R H L M C X Q O F L Z B
N X H G E F N C J G X M W W Q W O
U A E Q L A J Y L T X A P O S W O
U W D Q M B D N H I Q O R Z P X B
I P R U X V B E E W Y L U L L L S
G B F P Q W E C E R O I Q V R C V
S F M S Q V K K Z D U P E K X M N
E F I V N Y Q N G I R S F M N E Y
N A Q G R Q T E K M C W Q X I A W
I A S S F Z A Q T G H Z L J D R D
P H Q J F F D G W Y O K Q H R S K
P X D U R Y H A N D I Q J J B E E
L M H T H I G H U R C N J H G J V
E K O X N A V E L S E R F Y B T T
S Q U W S T P J B G A G D S R N B
T A B W O E V Q V P G D S U E V X
```

ACTION

```
H J Q L L S Y D V S X L J A K Z O
E Z G Q W Y R F W Z P V M B N N T
R Q M P N E Y O U R C H O I C E U
N F N H Z K H I M Y M I P O W C U
R L S H R V K N T S M I R B X T X
C M Z K U H G X D H F L I C K D T
V U V J Q W M K G L X A P Q T J F
T T B F Q S U C K T U P X B D Y X
L J N D T A V V E B C H J V T P B
Z H A S B L O W L G K I S S I D C
A B Z P E M B R A C E K L N C Y J
T U Y R F C C C O B R T V N K I Z
J A R D K S K A O X T O X J L V W
M A S S A G E W Y N Q U K Z E J F
O H U Z A K S U Z X Y C T Z N T R
J L Z U Z N T S N P L H K H H Z T
B G R T G T B T B W M S I O I U R
```

BODY PART

```
J  U  B  K  E  Q  M  B  I  Y  D  M  A  T  M  V  J
Y  C  R  P  S  X  K  S  M  U  X  T  N  K  Q  O  M
M  U  Q  V  P  I  E  Y  N  A  S  Z  H  Z  M  D  P
Q  T  Z  N  N  G  G  Z  O  S  Q  A  G  R  M  O  Y
H  T  N  V  W  V  S  Q  V  K  L  G  P  Q  A  I  N
U  X  I  I  W  Q  N  E  C  K  A  E  I  L  O  J  U
Y  O  U  R  C  H  O  I  C  E  F  R  M  U  D  Q  I
Y  U  W  L  I  P  S  U  X  G  Z  N  S  E  J  H  Y
Y  D  N  I  P  P  L  E  L  F  B  S  Q  S  L  I  D
E  B  B  O  O  B  S  G  S  E  Z  W  K  Y  J  I  U
E  E  P  A  L  Y  M  U  J  W  V  Q  H  J  J  E  F
H  A  T  H  I  G  H  T  V  A  V  V  K  G  Z  N  O
A  R  U  H  M  F  E  O  E  G  E  B  O  W  T  M  O
N  M  H  O  U  M  Z  P  X  B  K  V  E  Q  M  P  T
D  A  S  S  Y  B  U  F  E  Z  W  D  A  Z  N  Y  J
C  H  J  C  P  V  I  S  Q  I  H  I  R  K  M  E  I
Q  M  Y  N  A  V  E  L  Z  O  V  Z  S  U  A  C  R
```

ACTION

```
K I S S R S Q L W W B B T J M Q S
K K A I G L N A C I T Z K J Z N M
B F Q U S K Z V F E M B R A C E N
Q H Y W B O D S C D R W P G A V B
Q U O N M T O T R B S R T B O O K
P F U M C P G Z O A H B M C R I V
P L R P I Q I S J J T F Q Z I Q D
C A C C K A I T U U B X Y A B G E
A V H R D Z J R X E N Q P F K A K
V T O T O U C H F O V L C Y H U V
V X I S Q I Q E V C I P V K N V P
K P C K R H K R U R Z A K B L O W
M S E Q S K E C B E P L Z E D X Y
Q L Q M U Z F N Q X T J N D Q F W
T Z T I C K L E O V C E S I W X S
Y T B Q K T D M A S S A G E I J J
Q K B V X L I C K S I I B N H Q H
```

BODY PART

```
N A V E L Y Z G R F Y P B W R T W
T M D E V G E I E C C G X A X I E
W I F J D T Z G V L F H W R R N L
M Z P P E Q C B J K E M L D F K S
Z W K Z K F O O H X F Z D J B D L
T K T Y P V T O Q T O A N M V M B
T W M T M A U B B V P F K T X I T
Z Y N E I S F S U E J Y A H B N O
O O V S O M S N F A H O Z I Z E A
A I H P Y E E Y C R L U L G O C N
S L C N Q N B F I S U R I H I K E
S K T I F Q F A E M A C E K C I H
Y V S P I W W Q U V F H G V K D E
D W T P O F O O T S F O S Q I R Q
G T K L X O J T X A Y I A L I P S
E M G E T U R J A Y Z C T K U R C
O J Z D X D R B Y F A E H A N D O
```

ACTION

```
T Y P D S L K X D Z D J X Y Y N W
B W L F O R L A H P T C C Y I L G
H K U J K Z E H P C E G W M M W N A
C X H S I D G L I C K T R G N O S
T M Y D S Q I O C T X H E G G S V
U T I C K L E D R W E U P L G E K
G A I M Y T Y I Z A M W T T U I G
A D Y Z D S E O H G B J O M T S Y
M X W X W L F X X E R T U W K U O
Z Z X P E T T V D H A G C L H C U
D F P Q A W X N Q T C D H U E K R
G R R C O D J M Q G E G M P Q A C
B P L E Y A W U O V T T H Z U I H
L L M Y E I G A G M A S S A G E O
O C E V K K B O H R W K L C N N I
W Y K I S S F B K Y N Q D P T P C
I H I H X I A S D X B D Q Q R Q E
```

BODY PART

```
A O Q R P M M I W M O Z G I L U D
Q O P D S P Y T K C J X D L D U S
A H Z I Z T Y R B T Q O I E L N Z
Y O U R C H O I C E K Y E A Y A X
Y U V P K Y H T B Q I Y E R F F L
Z A K Y V K G N L T A F B S N O X
D J N W M A D T I W A D O D R O F
F N A V E L R J P K S G Q C Q T C
G U P Y W K E O S S F J K B U J Z
T W T I I C Q M M I Z N W J S B J
F D W N I P P L E Y T E E C O E H
E X S Q T A K F J D C C R D Z V A
Q A Y I G S O J M B T K B W T V N
M R V E Q S B Y V O W G D D V Z D
T X W J M G D U E O Y I B E I S X
V F R M M R J K T B T H I G H R S
L H W Q W M G V H S C D S U Q V Q
```

ACTION

```
H J Q L L S Y D V S X L J A K Z O
E Z G Q W Y R F W Z P V M B N N T
R Q M P N E Y O U R C H O I C E U
N F N H Z K H I M Y M I P O W C U
R L S H R V K N T S M I R B X T X
C M Z K U H G X D H F L I C K D T
V U V J Q W M K G L X A P Q T J F
T T B F Q S U C K T U P X B D Y X
L J N D T A V V E B C H J V T P B
Z H A S B L O W L G K I S S I D C
A B Z P E M B R A C E K L N C Y J
T U Y R F C C O B R T V N K I Z
J A R D K S K A O X T O X J L V W
M A S S A G E W Y N Q U K Z E J F
O H U Z A K S U Z X Y C T Z N T R
J L Z U Z N T S N P L H K H H Z T
B G R T G T B T B W M S I O I U R
```

BODY PART

```
D  H  Y  J  F  O  O  T  Q  R  Z  A  Y  Z  O  L  J
B  O  Q  L  R  R  H  L  M  C  X  Q  O  F  L  Z  B
N  X  H  G  E  F  N  C  J  G  X  M  W  W  Q  W  O
U  A  E  Q  L  A  J  Y  L  T  X  A  P  O  S  W  O
U  W  D  Q  M  B  D  N  H  I  Q  O  R  Z  P  X  B
I  P  R  U  X  V  B  E  E  W  Y  L  U  L  L  L  S
G  B  F  P  Q  W  E  C  E  R  O  I  Q  V  R  C  V
S  F  M  S  Q  V  K  K  Z  D  U  P  E  K  X  M  N
E  F  I  V  N  Y  Q  N  G  I  R  S  F  M  N  E  Y
N  A  Q  G  R  Q  T  E  K  M  C  W  Q  X  I  A  W
I  A  S  S  F  Z  A  Q  T  G  H  Z  L  J  D  R  D
P  H  Q  J  F  F  D  G  W  Y  O  K  Q  H  R  S  K
P  X  D  U  R  Y  H  A  N  D  I  Q  J  J  B  E  E
L  M  H  T  H  I  G  H  U  R  C  N  J  H  G  J  V
E  K  O  X  N  A  V  E  L  S  E  R  F  Y  B  T  T
S  Q  U  W  S  T  P  J  B  G  A  G  D  S  R  N  B
T  A  B  W  O  E  V  Q  V  P  G  D  S  U  E  V  X
```

ACTION

```
H  J  Q  L  L  S  Y  D  V  S  X  L  J  A  K  Z  O
E  Z  G  Q  W  Y  R  F  W  Z  P  V  M  B  N  N  T
R  Q  M  P  N  E  Y  O  U  R  C  H  O  I  C  E  U
N  F  N  H  Z  K  H  I  M  Y  M  I  P  O  W  C  U
R  L  S  H  R  V  K  N  T  S  M  I  R  B  X  T  X
C  M  Z  K  U  H  G  X  D  H  F  L  I  C  K  D  T
V  U  V  J  Q  W  M  K  G  L  X  A  P  Q  T  J  F
T  T  B  F  Q  S  U  C  K  T  U  P  X  B  D  Y  X
L  J  N  D  T  A  V  V  E  B  C  H  J  V  T  P  B
Z  H  A  S  B  L  O  W  L  G  K  I  S  S  I  D  C
A  B  Z  P  E  M  B  R  A  C  E  K  L  N  C  Y  J
T  U  Y  R  F  C  C  O  B  R  T  V  N  K  I  Z
J  A  R  D  K  S  K  A  O  X  T  O  X  J  L  V  W
M  A  S  S  A  G  E  W  Y  N  Q  U  K  Z  E  J  F
O  H  U  Z  A  K  S  U  Z  X  Y  C  T  Z  N  T  R
J  L  Z  U  Z  N  T  S  N  P  L  H  K  H  H  Z  T
B  G  R  T  G  T  B  T  B  W  M  S  I  O  I  U  R
```

BODY PART

```
J U B K E Q M B I Y D M A T M V J
Y C R P S X K S M U X T N K Q O M
M U Q V P I E Y N A S Z H Z M D P
Q T Z N N G G Z O S Q A G R M O Y
H T N V W V S Q V K L G P Q A I N
U X I I W Q N E C K A E I L O J U
Y O U R C H O I C E F R M U D Q I
Y U W L I P S U X G Z N S E J H Y
Y D N I P P L E L F B S Q S L I D
E B B O O B S G S E Z W K Y J I U
E E P A L Y M U J W V Q H J J E F
H A T H I G H T V A V V K G Z N O
A R U H M F E O E G E B O W T M O
N M H O U M Z P X B K V E Q M P T
D A S S Y B U F E Z W D A Z N Y J
C H J C P V I S Q I H I R K M E I
Q M Y N A V E L Z O V Z S U A C R
```

ACTION

```
K  I  S  S  R  S  Q  L  W  W  B  B  T  J  M  Q  S
K  K  A  I  G  L  N  A  C  I  T  Z  K  J  Z  N  M
B  F  Q  U  S  K  Z  V  F  E  M  B  R  A  C  E  N
Q  H  Y  W  B  O  D  S  C  D  R  W  P  G  A  V  B
Q  U  O  N  M  T  O  T  R  B  S  R  T  B  O  O  K
P  F  U  M  C  P  G  Z  O  A  H  B  M  C  R  I  V
P  L  R  P  I  Q  I  S  J  J  T  F  Q  Z  I  Q  D
C  A  C  C  K  A  I  T  U  U  B  X  Y  A  B  G  E
A  V  H  R  D  Z  J  R  X  E  N  Q  P  F  K  A  K
V  T  O  T  O  U  C  H  F  O  V  L  C  Y  H  U  V
V  X  I  S  Q  I  Q  E  V  C  I  P  V  K  N  V  P
K  P  C  K  R  H  K  R  U  R  Z  A  K  B  L  O  W
M  S  E  Q  S  K  E  C  B  E  P  L  Z  E  D  X  Y
Q  L  Q  M  U  Z  F  N  Q  X  T  J  N  D  Q  F  W
T  Z  T  I  C  K  L  E  O  V  C  E  S  I  W  X  S
Y  T  B  Q  K  T  D  M  A  S  S  A  G  E  I  J  J
Q  K  B  V  X  L  I  C  K  S  I  I  B  N  H  Q  H
```

BODY PART

```
N  A  V  E  L  Y  Z  G  R  F  Y  P  B  W  R  T  W
T  M  D  E  V  G  E  I  E  C  C  G  X  A  X  I  E
W  I  F  J  D  T  Z  G  V  L  F  H  W  R  R  N  L
M  Z  P  P  E  Q  C  B  J  K  E  M  L  D  F  K  S
Z  W  K  Z  K  F  O  O  H  X  F  Z  D  J  B  D  L
T  K  T  Y  P  V  T  O  Q  T  O  A  N  M  V  M  B
T  W  M  T  M  A  U  B  B  V  P  F  K  T  X  I  T
Z  Y  N  E  I  S  F  S  U  E  J  Y  A  H  B  N  O
O  O  V  S  O  M  S  N  F  A  H  O  Z  I  Z  E  A
A  I  H  P  Y  E  E  Y  C  R  L  U  L  G  O  C  N
S  L  C  N  Q  N  B  F  I  S  U  R  I  H  I  K  E
S  K  T  I  F  Q  F  A  E  M  A  C  E  K  C  I  H
Y  V  S  P  I  W  W  Q  U  V  F  H  G  V  K  D  E
D  W  T  P  O  F  O  O  T  S  F  O  S  Q  I  R  Q
G  T  K  L  X  O  J  T  X  A  Y  I  A  L  I  P  S
E  M  G  E  T  U  R  J  A  Y  Z  C  T  K  U  R  C
O  J  Z  D  X  D  R  B  Y  F  A  E  H  A  N  D  O
```

ACTION

```
T Y P D S L K X D Z D J X Y Y N W
B W L F O R L A H P T C C Y I L G
H K U J K Z E H P C E G W M W N A
C X H S I D G L I C K T R G N O S
T M Y D S Q I O C T X H E G S V
U T I C K L E D R W E U P L G E K
G A I M Y T Y I Z A M W T T U I G
A D Y Z D S E O H G B J O M T S Y
M X W X W L F X X E R T U W K U O
Z Z X P E T T V D H A G C L H C U
D F P Q A W X N Q T C D H U E K R
G R R C O D J M Q G E G M P Q A C
B P L E Y A W U O V T T H Z U I H
L L M Y E I G A G M A S S A G E O
O C E V K K B O H R W K L C N N I
W Y K I S S F B K Y N Q D P T P C
I H I H X I A S D X B D Q Q R Q E
```

BODY PART

```
A O Q R P M M I W M O Z G I L U D
Q O P D S P Y T K C J X D L D U S
A H Z I Z T Y R B T Q O I E L N Z
Y O U R C H O I C E K Y E A Y A X
Y U V P K Y H T B Q I Y E R F F L
Z A K Y V K G N L T A F B S N O X
D J N W M A D T I W A D O D R O F
F N A V E L R J P K S G Q C Q T C
G U P Y W K E O S S F J K B U J Z
T W T I I C Q M M I Z N W J S B J
F D W N I P P L E Y T E E C O E H
E X S Q T A K F J D C C R D Z V A
Q A Y I G S O J M B T K B W T V N
M R V E Q S B Y V O W G D D V Z D
T X W J M G D U E O Y I B E I S X
V F R M M R J K T B T H I G H R S
L H W Q W M G V H S C D S U Q V Q
```

ACTION

```
H  J  Q  L  L  S  Y  D  V  S  X  L  J  A  K  Z  O
E  Z  G  Q  W  Y  R  F  W  Z  P  V  M  B  N  N  T
R  Q  M  P  N  E  Y  O  U  R  C  H  O  I  C  E  U
N  F  N  H  Z  K  H  I  M  Y  M  I  P  O  W  C  U
R  L  S  H  R  V  K  N  T  S  M  I  R  B  X  T  X
C  M  Z  K  U  H  G  X  D  H  F  L  I  C  K  D  T
V  U  V  J  Q  W  M  K  G  L  X  A  P  Q  T  J  F
T  T  B  F  Q  S  U  C  K  T  U  P  X  B  D  Y  X
L  J  N  D  T  A  V  V  E  B  C  H  J  V  T  P  B
Z  H  A  S  B  L  O  W  L  G  K  I  S  S  I  D  C
A  B  Z  P  E  M  B  R  A  C  E  K  L  N  C  Y  J
T  U  Y  R  F  C  C  O  B  R  T  V  N  K  I  Z
J  A  R  D  K  S  K  A  O  X  T  O  X  J  L  V  W
M  A  S  S  A  G  E  W  Y  N  Q  U  K  Z  E  J  F
O  H  U  Z  A  K  S  U  Z  X  Y  C  T  Z  N  T  R
J  L  Z  U  Z  N  T  S  N  P  L  H  K  H  H  Z  T
B  G  R  T  G  T  B  T  B  W  M  S  I  O  I  U  R
```

BODY PART

```
D H Y J F O O T Q R Z A Y Z O L J
B O Q L R R H L M C X Q O F L Z B
N X H G E F N C J G X M W W Q W O
U A E Q L A J Y L T X A P O S W O
U W D Q M B D N H I Q O R Z P X B
I P R U X V B E E W Y L U L L S
G B F P Q W E C E R O I Q V R C V
S F M S Q V K K Z D U P E K X M N
E F I V N Y Q N G I R S F M N E Y
N A Q G R Q T E K M C W Q X I A W
I A S S F Z A Q T G H Z L J D R D
P H Q J F F D G W Y O K Q H R S K
P X D U R Y H A N D I Q J J B E E
L M H T H I G H U R C N J H G J V
E K O X N A V E L S E R F Y B T T
S Q U W S T P J B G A G D S R N B
T A B W O E V Q V P G D S U E V X
```

ACTION

```
H J Q L L S Y D V S X L J A K Z O
E Z G Q W Y R F W Z P V M B N N T
R Q M P N E Y O U R C H O I C E U
N F N H Z K H I M Y M I P O W C U
R L S H R V K N T S M I R B X T X
C M Z K U H G X D H F L I C K D T
V U V J Q W M K G L X A P Q T J F
T T B F Q S U C K T U P X B D Y X
L J N D T A V V E B C H J V T P B
Z H A S B L O W L G K I S S I D C
A B Z P E M B R A C E K L N C Y J
T U Y R F C C C O B R T V N K I Z
J A R D K S K A O X T O X J L V W
M A S S A G E W Y N Q U K Z E J F
O H U Z A K S U Z X Y C T Z N T R
J L Z U Z N T S N P L H K H H Z T
B G R T G T B T B W M S I O I U R
```

BODY PART

```
J  U  B  K  E  Q  M  B  I  Y  D  M  A  T  M  V  J
Y  C  R  P  S  X  K  S  M  U  X  T  N  K  Q  O  M
M  U  Q  V  P  I  E  Y  N  A  S  Z  H  Z  M  D  P
Q  T  Z  N  N  G  G  Z  O  S  Q  A  G  R  M  O  Y
H  T  N  V  W  V  S  Q  V  K  L  G  P  Q  A  I  N
U  X  I  I  W  Q  N  E  C  K  A  E  I  L  O  J  U
Y  O  U  R  C  H  O  I  C  E  F  R  M  U  D  Q  I
Y  U  W  L  I  P  S  U  X  G  Z  N  S  E  J  H  Y
Y  D  N  I  P  P  L  E  L  F  B  S  Q  S  L  I  D
E  B  B  O  O  B  S  G  S  E  Z  W  K  Y  J  I  V
E  E  P  A  L  Y  M  U  J  W  V  Q  H  J  J  E  F
H  A  T  H  I  G  H  T  V  A  V  V  K  G  Z  N  O
A  R  U  H  M  F  E  O  E  G  E  B  O  W  T  M  O
N  M  H  O  U  M  Z  P  X  B  K  V  E  Q  M  P  T
D  A  S  S  Y  B  U  F  E  Z  W  D  A  Z  N  Y  J
C  H  J  C  P  V  I  S  Q  I  H  I  R  K  M  E  I
Q  M  Y  N  A  V  E  L  Z  O  V  Z  S  U  A  C  R
```

ACTION

```
K I S S R S Q L W W B B T J M Q S
K K A I G L N A C I T Z K J Z N M
B F Q U S K Z V F E M B R A C E N
Q H Y W B O D S C D R W P G A V B
Q U O N M T O T R B S R T B O O K
P F U M C P G Z O A H B M C R I V
P L R P I Q I S J J T F Q Z I Q D
C A C C K A I T U U B X Y A B G E
A V H R D Z J R X E N Q P F K A K
V T O T O U C H F O V L C Y H U V
V X I S Q I Q E V C I P V K N V P
K P C K R H K R U R Z A K B L O W
M S E Q S K E C B E P L Z E D X Y
Q L Q M U Z F N Q X T J N D Q F W
T Z T I C K L E O V C E S I W X S
Y T B Q K T D M A S S A G E I J J
Q K B V X L I C K S I I B N H Q H
```

BODY PART

```
N A V E L Y Z G R F Y P B W R T W
T M D E V G E I E C C G X A X I E
W I F J D T Z G V L F H W R R N L
M Z P P E Q C B J K E M L D F K S
Z W K Z K F O O H X F Z D J B D L
T K T Y P V T O Q T O A N M V M B
T W M T M A U B B V P F K T X I T
Z Y N E I S F S U E J Y A H B N O
O O V S O M S N F A H O Z I Z E A
A I H P Y E E Y C R L U L G O C N
S L C N Q N B F I S U R I H I K E
S K T I F Q F A E M A C E K C I H
Y V S P I W W Q U V F H G V K D E
D W T P O F O O T S F O S Q I R Q
G T K L X O J T X A Y I A L I P S
E M G E T U R J A Y Z C T K U R C
O J Z D X D R B Y F A E H A N D O
```

ACTION

```
T Y P D S L K X D Z D J X Y Y N W
B W L F O R L A H P T C C Y I L G
H K U J K Z E H P C E G W M W N A
C X H S I D G L I C K T R G N O S
T M Y D S Q I O C T X H E G G S V
U T I C K L E D R W E U P L G E K
G A I M Y T Y I Z A M W T T U I G
A D Y Z D S E O H G B J O M T S Y
M X W X W L F X X E R T U W K U O
Z Z X P E T T V D H A G C L H C U
D F P Q A W X N Q T C D H U E K R
G R R C O D J M Q G E G M P Q A C
B P L E Y A W U O V T T H Z U I H
L L M Y E I G A G M A S S A G E O
O C E V K K B O H R W K L C N N I
W Y K I S S F B K Y N Q D P T P C
I H I H X I A S D X B D Q Q R Q E
```

BODY PART

```
A O Q R P M M I W M O Z G I L U D
Q O P D S P Y T K C J X D L D U S
A H Z I Z T Y R B T Q O I E L N Z
Y O U R C H O I C E K Y E A Y A X
Y U V P K Y H T B Q I Y E R F F L
Z A K Y V K G N L T A F B S N O X
D J N W M A D T I W A D O D R O F
F N A V E L R J P K S G Q C Q T C
G U P Y W K E O S S F J K B U J Z
T W T I I C Q M M I Z N W J S B J
F D W N I P P L E Y T E E C O E H
E X S Q T A K F J D C C R D Z V A
Q A Y I G S O J M B T K B W T V N
M R V E Q S B Y V O W G D D V Z D
T X W J M G D U E O Y I B E I S X
V F R M M R J K T B T H I G H R S
L H W Q W M G V H S C D S U Q V Q
```

ACTION

```
H  J  Q  L  L  S  Y  D  V  S  X  L  J  A  K  Z  O
E  Z  G  Q  W  Y  R  F  W  Z  P  V  M  B  N  N  T
R  Q  M  P  N  E  Y  O  U  R  C  H  O  I  C  E  U
N  F  N  H  Z  K  H  I  M  Y  M  I  P  O  W  C  U
R  L  S  H  R  V  K  N  T  S  M  I  R  B  X  T  X
C  M  Z  K  U  H  G  X  D  H  F  L  I  C  K  D  T
V  U  V  J  Q  W  M  K  G  L  X  A  P  Q  T  J  F
T  T  B  F  Q  S  U  C  K  T  U  P  X  B  D  Y  X
L  J  N  D  T  A  V  V  E  B  C  H  J  V  T  P  B
Z  H  A  S  B  L  O  W  L  G  K  I  S  S  I  D  C
A  B  Z  P  E  M  B  R  A  C  E  K  L  N  C  Y  J
T  U  Y  R  F  C  C  C  O  B  R  T  V  N  K  I  Z
J  A  R  D  K  S  K  A  O  X  T  O  X  J  L  V  W
M  A  S  S  A  G  E  W  Y  N  Q  U  K  Z  E  J  F
O  H  U  Z  A  K  S  U  Z  X  Y  C  T  Z  N  T  R
J  L  Z  U  Z  N  T  S  N  P  L  H  K  H  H  Z  T
B  G  R  T  G  T  B  T  B  W  M  S  I  O  I  V  R
```

BODY PART

```
D H Y J F O O T Q R Z A Y Z O L J
B O Q L R R H L M C X Q O F L Z B
N X H G E F N C J G X M W W Q W O
U A E Q L A J Y L T X A P O S W O
U W D Q M B D N H I Q O R Z P X B
I P R U X V B E E W Y L U L L L S
G B F P Q W E C E R O I Q V R C V
S F M S Q V K K Z D U P E K X M N
E F I V N Y Q N G I R S F M N E Y
N A Q G R Q T E K M C W Q X I A W
I A S S F Z A Q T G H Z L J D R D
P H Q J F F D G W Y O K Q H R S K
P X D U R Y H A N D I Q J J B E E
L M H T H I G H U R C N J H G J V
E K O X N A V E L S E R F Y B T T
S Q U W S T P J B G A G D S R N B
T A B W O E V Q V P G D S U E V X
```

ACTION

```
H  J  Q  L  L  S  Y  D  V  S  X  L  J  A  K  Z  O
E  Z  G  Q  W  Y  R  F  W  Z  P  V  M  B  N  N  T
R  Q  M  P  N  E  Y  O  U  R  C  H  O  I  C  E  U
N  F  N  H  Z  K  H  I  M  Y  M  I  P  O  W  C  U
R  L  S  H  R  V  K  N  T  S  M  I  R  B  X  T  X
C  M  Z  K  U  H  G  X  D  H  F  L  I  C  K  D  T
V  U  V  J  Q  W  M  K  G  L  X  A  P  Q  T  J  F
T  T  B  F  Q  S  U  C  K  T  U  P  X  B  D  Y  X
L  J  N  D  T  A  V  V  E  B  C  H  J  V  T  P  B
Z  H  A  S  B  L  O  W  L  G  K  I  S  S  I  D  C
A  B  Z  P  E  M  B  R  A  C  E  K  L  N  C  Y  J
T  U  Y  R  F  C  C  C  O  B  R  T  V  N  K  I  Z
J  A  R  D  K  S  K  A  O  X  T  O  X  J  L  V  W
M  A  S  S  A  G  E  W  Y  N  Q  U  K  Z  E  J  F
O  H  U  Z  A  K  S  U  Z  X  Y  C  T  Z  N  T  R
J  L  Z  U  Z  N  T  S  N  P  L  H  K  H  H  Z  T
B  G  R  T  G  T  B  T  B  W  M  S  I  O  I  U  R
```

BODY PART

```
J U B K E Q M B I Y D M A T M V J
Y C R P S X K S M U X T N K Q O M
M U Q V P I E Y N A S Z H Z M D P
Q T Z N N G G Z O S Q A G R M O Y
H T N V W V S Q V K L G P Q A I N
U X I I W Q N E C K A E I L O J U
Y O U R C H O I C E F R M U D Q I
Y U W L I P S U X G Z N S E J H Y
Y D N I P P L E L F B S Q S L I D
E B B O O B S G S E Z W K Y J I V
E E P A L Y M U J W V Q H J J E F
H A T H I G H T V A V V K G Z N O
A R U H M F E O E G E B O W T M O
N M H O U M Z P X B K V E Q M P T
D A S S Y B U F E Z W D A Z N Y J
C H J C P V I S Q I H I R K M E I
Q M Y N A V E L Z O V Z S U A C R
```

ACTION

```
K I S S R S Q L W W B B T J M Q S
K K A I G L N A C I T Z K J Z N M
B F Q U S K Z V F E M B R A C E N
Q H Y W B O D S C D R W P G A V B
Q U O N M T O T R B S R T B O O K
P F U M C P G Z O A H B M C R I V
P L R P I Q I S J J T F Q Z I Q D
C A C C K A I T U U B X Y A B G E
A V H R D Z J R X E N Q P F K A K
V T O T O U C H F O V L C Y H U V
V X I S Q I Q E V C I P V K N V P
K P C K R H K R U R Z A K B L O W
M S E Q S K E C B E P L Z E D X Y
Q L Q M U Z F N Q X T J N D Q F W
T Z T I C K L E O V C E S I W X S
Y T B Q K T D M A S S A G E I J J
Q K B V X L I C K S I I B N H Q H
```

BODY PART

```
N A V E L Y Z G R F Y P B W R T W
T M D E V G E I E C C G X A X I E
W I F J D T Z G V L F H W R R N L
M Z P P E Q C B J K E M L D F K S
Z W K Z K F O O H X F Z D J B D L
T K T Y P V T O Q T O A N M V M B
T W M T M A U B B V P F K T X I T
Z Y N E I S F S U E J Y A H B N O
O O V S O M S N F A H O Z I Z E A
A I H P Y E E Y C R L U G O C N
S L C N Q N B F I S U R I H I K E
S K T I F Q F A E M A C E K C I H
Y V S P I W W Q U V F H G V K D E
D W T P O F O O T S F O S Q I R Q
G T K L X O J T X A Y I A L I P S
E M G E T U R J A Y Z C T K U R C
O J Z D X D R B Y F A E H A N D O
```

ACTION

```
T Y P D S L K X D Z D J X Y Y N W
B W L F O R L A H P T C C Y I L G
H K U J K Z E H P C E G W M W N A
C X H S I D G L I C K T R G N O S
T M Y D S Q I O C T X H E G G S V
U T I C K L E D R W E U P L G E K
G A I M Y T Y I Z A M W T T U I G
A D Y Z D S E O H G B J O M T S Y
M X W X W L F X X E R T U W K U O
Z Z X P E T T V D H A G C L H C U
D F P Q A W X N Q T C D H U E K R
G R R C O D J M Q G E G M P Q A C
B P L E Y A W U O V T T H Z U I H
L L M Y E I G A G M A S S A G E O
O C E V K K B O H R W K L C N N I
W Y K I S S F B K Y N Q D P T P C
I H I H X I A S D X B D Q Q R Q E
```

BODY PART

```
A O Q R P M M I W M O Z G I L U D
Q O P D S P Y T K C J X D L D U S
A H Z I Z T Y R B T Q O I E L N Z
Y O U R C H O I C E K Y E A Y A X
Y U V P K Y H T B Q I Y E R F F L
Z A K Y V K G N L T A F B S N O X
D J N W M A D T I W A D O D R O F
F N A V E L R J P K S G Q C Q T C
G U P Y W K E O S S F J K B U J Z
T W T I I C Q M M I Z N W J S B J
F D W N I P P L E Y T E E C O E H
E X S Q T A K F J D C C R D Z V A
Q A Y I G S O J M B T K B W T V N
M R V E Q S B Y V O W G D D V Z D
T X W J M G D U E O Y I B E I S X
V F R M M R J K T B T H I G H R S
L H W Q W M G V H S C D S U Q V Q
```

ACTION

```
H  J  Q  L  L  S  Y  D  V  S  X  L  J  A  K  Z  O
E  Z  G  Q  W  Y  R  F  W  Z  P  V  M  B  N  N  T
R  Q  M  P  N  E  Y  O  U  R  C  H  O  I  C  E  U
N  F  N  H  Z  K  H  I  M  Y  M  I  P  O  W  C  U
R  L  S  H  R  V  K  N  T  S  M  I  R  B  X  T  X
C  M  Z  K  U  H  G  X  D  H  F  L  I  C  K  D  T
V  U  V  J  Q  W  M  K  G  L  X  A  P  Q  T  J  F
T  T  B  F  Q  S  U  C  K  T  U  P  X  B  D  Y  X
L  J  N  D  T  A  V  V  E  B  C  H  J  V  T  P  B
Z  H  A  S  B  L  O  W  L  G  K  I  S  S  I  D  C
A  B  Z  P  E  M  B  R  A  C  E  K  L  N  C  Y  J
T  U  Y  R  F  C  C  C  O  B  R  T  V  N  K  I  Z
J  A  R  D  K  S  K  A  O  X  T  O  X  J  L  V  W
M  A  S  S  A  G  E  W  Y  N  Q  U  K  Z  E  J  F
O  H  U  Z  A  K  S  U  Z  X  Y  C  T  Z  N  T  R
J  L  Z  U  Z  N  T  S  N  P  L  H  K  H  H  Z  T
B  G  R  T  G  T  B  T  B  W  M  S  I  O  I  U  R
```

BODY PART

```
D  H  Y  J  F  O  O  T  Q  R  Z  A  Y  Z  O  L  J
B  O  Q  L  R  R  H  L  M  C  X  Q  O  F  L  Z  B
N  X  H  G  E  F  N  C  J  G  X  M  W  W  Q  W  O
U  A  E  Q  L  A  J  Y  L  T  X  A  P  O  S  W  O
U  W  D  Q  M  B  D  N  H  I  Q  O  R  Z  P  X  B
I  P  R  U  X  V  B  E  E  W  Y  L  U  L  L  L  S
G  B  F  P  Q  W  E  C  E  R  O  I  Q  V  R  C  V
S  F  M  S  Q  V  K  K  Z  D  U  P  E  K  X  M  N
E  F  I  V  N  Y  Q  N  G  I  R  S  F  M  N  E  Y
N  A  Q  G  R  Q  T  E  K  M  C  W  Q  X  I  A  W
I  A  S  S  F  Z  A  Q  T  G  H  Z  L  J  D  R  D
P  H  Q  J  F  F  D  G  W  Y  O  K  Q  H  R  S  K
P  X  D  U  R  Y  H  A  N  D  I  Q  J  J  B  E  E
L  M  H  T  H  I  G  H  U  R  C  N  J  H  G  J  V
E  K  O  X  N  A  V  E  L  S  E  R  F  Y  B  T  T
S  Q  U  W  S  T  P  J  B  G  A  G  D  S  R  N  B
T  A  B  W  O  E  V  Q  V  P  G  D  S  U  E  V  X
```

ACTION

```
H J Q L L S Y D V S X L J A K Z O
E Z G Q W Y R F W Z P V M B N N T
R Q M P N E Y O U R C H O I C E U
N F N H Z K H I M Y M I P O W C U
R L S H R V K N T S M I R B X T X
C M Z K U H G X D H F L I C K D T
V U V J Q W M K G L X A P Q T J F
T T B F Q S U C K T U P X B D Y X
L J N D T A V V E B C H J V T P B
Z H A S B L O W L G K I S S I D C
A B Z P E M B R A C E K L N C Y J
T U Y R F C C C O B R T V N K I Z
J A R D K S K A O X T O X J L V W
M A S S A G E W Y N Q U K Z E J F
O H U Z A K S U Z X Y C T Z N T R
J L Z U Z N T S N P L H K H H Z T
B G R T G T B T B W M S I O I U R
```

BODY PART

```
J  U  B  K  E  Q  M  B  I  Y  D  M  A  T  M  V  J
Y  C  R  P  S  X  K  S  M  U  X  T  N  K  Q  O  M
M  U  Q  V  P  I  E  Y  N  A  S  Z  H  Z  M  D  P
Q  T  Z  N  N  G  G  Z  O  S  Q  A  G  R  M  O  Y
H  T  N  V  W  V  S  Q  V  K  L  G  P  Q  A  I  N
U  X  I  I  W  Q  N  E  C  K  A  E  I  L  O  J  U
Y  O  U  R  C  H  O  I  C  E  F  R  M  U  D  Q  I
Y  U  W  L  I  P  S  U  X  G  Z  N  S  E  J  H  Y
Y  D  N  I  P  P  L  E  L  F  B  S  Q  S  L  I  D
E  B  B  O  O  B  S  G  S  E  Z  W  K  Y  J  I  U
E  E  P  A  L  Y  M  U  J  W  V  Q  H  J  J  E  F
H  A  T  H  I  G  H  T  V  A  V  V  K  G  Z  N  O
A  R  U  H  M  F  E  O  E  G  E  B  O  W  T  M  O
N  M  H  O  U  M  Z  P  X  B  K  V  E  Q  M  P  T
D  A  S  S  Y  B  U  F  E  Z  W  D  A  Z  N  Y  J
C  H  J  C  P  V  I  S  Q  I  H  I  R  K  M  E  I
Q  M  Y  N  A  V  E  L  Z  O  V  Z  S  U  A  C  R
```

ACTION

```
K I S S R S Q L W W B B T J M Q S
K K A I G L N A C I T Z K J Z N M
B F Q U S K Z V F E M B R A C E N
Q H Y W B O D S C D R W P G A V B
Q U O N M T O T R B S R T B O O K
P F U M C P G Z O A H B M C R I V
P L R P I Q I S J J T F Q Z I Q D
C A C C K A I T U U B X Y A B G E
A V H R D Z J R X E N Q P F K A K
V T O T O U C H F O V L C Y H U V
V X I S Q I Q E V C I P V K N V P
K P C K R H K R U R Z A K B L O W
M S E Q S K E C B E P L Z E D X Y
Q L Q M U Z F N Q X T J N D Q F W
T Z T I C K L E O V C E S I W X S
Y T B Q K T D M A S S A G E I J J
Q K B V X L I C K S I I B N H Q H
```

BODY PART

```
N  A  V  E  L  Y  Z  G  R  F  Y  P  B  W  R  T  W
T  M  D  E  V  G  E  I  E  C  C  G  X  A  X  I  E
W  I  F  J  D  T  Z  G  V  L  F  H  W  R  R  N  L
M  Z  P  P  E  Q  C  B  J  K  E  M  L  D  F  K  S
Z  W  K  Z  K  F  O  O  H  X  F  Z  D  J  B  D  L
T  K  T  Y  P  V  T  O  Q  T  O  A  N  M  V  M  B
T  W  M  T  M  A  U  B  B  V  P  F  K  T  X  I  T
Z  Y  N  E  I  S  F  S  U  E  J  Y  A  H  B  N  O
O  O  V  S  O  M  S  N  F  A  H  O  Z  I  Z  E  A
A  I  H  P  Y  E  E  Y  C  R  L  U  L  G  O  C  N
S  L  C  N  Q  N  B  F  I  S  U  R  I  H  I  K  E
S  K  T  I  F  Q  F  A  E  M  A  C  E  K  C  I  H
Y  V  S  P  I  W  W  Q  U  V  F  H  G  V  K  D  E
D  W  T  P  O  F  O  O  T  S  F  O  S  Q  I  R  Q
G  T  K  L  X  O  J  T  X  A  Y  I  A  L  I  P  S
E  M  G  E  T  U  R  J  A  Y  Z  C  T  K  U  R  C
O  J  Z  D  X  D  R  B  Y  F  A  E  H  A  N  D  O
```

ACTION

```
T Y P D S L K X D Z D J X Y Y N W
B W L F O R L A H P T C C Y I L G
H K U J K Z E H P C E G W M M W N A
C X H S I D G L I C K T R G N O S
T M Y D S Q I O C T X H E G G S V
U T I C K L E D R W E U P L G E K
G A I M Y T Y I Z A M W T T U I G
A D Y Z D S E O H G B J O M T S Y
M X W X W L F X X E R T U W K U O
Z Z X P E T T V D H A G C L H C U
D F P Q A W X N Q T C D H U E K R
G R R C O D J M Q G E G M P Q A C
B P L E Y A W U O V T T H Z U I H
L L M Y E I G A G M A S S A G E O
O C E V K K B O H R W K L C N N I
W Y K I S S F B K Y N Q D P T P C
I H I H X I A S D X B D Q Q R Q E
```

BODY PART

```
A O Q R P M M I W M O Z G I L U D
Q O P D S P Y T K C J X D L D U S
A H Z I Z T Y R B T Q O I E L N Z
Y O U R C H O I C E K Y E A Y A X
Y U V P K Y H T B Q I Y E R F F L
Z A K Y V K G N L T A F B S N O X
D J N W M A D T I W A D O D R O F
F N A V E L R J P K S G Q C Q T C
G U P Y W K E O S S F J K B U J Z
T W T I I C Q M M I Z N W J S B J
F D W N I P P L E Y T E E C O E H
E X S Q T A K F J D C C R D Z V A
Q A Y I G S O J M B T K B W T V N
M R V E Q S B Y V O W G D D V Z D
T X W J M G D U E O Y I B E I S X
V F R M M R J K T B T H I G H R S
L H W Q W M G V H S C D S U Q V Q
```

ACTION

```
H  J  Q  L  L  S  Y  D  V  S  X  L  J  A  K  Z  O
E  Z  G  Q  W  Y  R  F  W  Z  P  V  M  B  N  N  T
R  Q  M  P  N  E  Y  O  U  R  C  H  O  I  C  E  U
N  F  N  H  Z  K  H  I  M  Y  M  I  P  O  W  C  U
R  L  S  H  R  V  K  N  T  S  M  I  R  B  X  T  X
C  M  Z  K  U  H  G  X  D  H  F  L  I  C  K  D  T
V  U  V  J  Q  W  M  K  G  L  X  A  P  Q  T  J  F
T  T  B  F  Q  S  U  C  K  T  U  P  X  B  D  Y  X
L  J  N  D  T  A  V  V  E  B  C  H  J  V  T  P  B
Z  H  A  S  B  L  O  W  L  G  K  I  S  S  I  D  C
A  B  Z  P  E  M  B  R  A  C  E  K  L  N  C  Y  J
T  U  Y  R  F  C  C  C  O  B  R  T  V  N  K  I  Z
J  A  R  D  K  S  K  A  O  X  T  O  X  J  L  V  W
M  A  S  S  A  G  E  W  Y  N  Q  U  K  Z  E  J  F
O  H  U  Z  A  K  S  U  Z  X  Y  C  T  Z  N  T  R
J  L  Z  U  Z  N  T  S  N  P  L  H  K  H  H  Z  T
B  G  R  T  G  T  B  T  B  W  M  S  I  O  I  U  R
```

BODY PART

```
D H Y J F O O T Q R Z A Y Z O L J
B O Q L R R H L M C X Q O F L Z B
N X H G E F N C J G X M W W Q W O
U A E Q L A J Y L T X A P O S W O
U W D Q M B D N H I Q O R Z P X B
I P R U X V B E E W Y L U L L L S
G B F P Q W E C E R O I Q V R C V
S F M S Q V K K Z D U P E K X M N
E F I V N Y Q N G I R S F M N E Y
N A Q G R Q T E K M C W Q X I A W
I A S S F Z A Q T G H Z L J D R D
P H Q J F F D G W Y O K Q H R S K
P X D U R Y H A N D I Q J J B E E
L M H T H I G H U R C N J H G J V
E K O X N A V E L S E R F Y B T T
S Q U W S T P J B G A G D S R N B
T A B W O E V Q V P G D S U E V X
```

ACTION

```
H  J  Q  L  L  S  Y  D  V  S  X  L  J  A  K  Z  O
E  Z  G  Q  W  Y  R  F  W  Z  P  V  M  B  N  N  T
R  Q  M  P  N  E  Y  O  U  R  C  H  O  I  C  E  U
N  F  N  H  Z  K  H  I  M  Y  M  I  P  O  W  C  U
R  L  S  H  R  V  K  N  T  S  M  I  R  B  X  T  X
C  M  Z  K  U  H  G  X  D  H  F  L  I  C  K  D  T
V  U  V  J  Q  W  M  K  G  L  X  A  P  Q  T  J  F
T  T  B  F  Q  S  U  C  K  T  U  P  X  B  D  Y  X
L  J  N  D  T  A  V  V  E  B  C  H  J  V  T  P  B
Z  H  A  S  B  L  O  W  L  G  K  I  S  S  I  D  C
A  B  Z  P  E  M  B  R  A  C  E  K  L  N  C  Y  J
T  U  Y  R  F  C  C  C  O  B  R  T  V  N  K  I  Z
J  A  R  D  K  S  K  A  O  X  T  O  X  J  L  V  W
M  A  S  S  A  G  E  W  Y  N  Q  U  K  Z  E  J  F
O  H  U  Z  A  K  S  U  Z  X  Y  C  T  Z  N  T  R
J  L  Z  U  Z  N  T  S  N  P  L  H  K  H  H  Z  T
B  G  R  T  G  T  B  T  B  W  M  S  I  O  I  U  R
```

BODY PART

```
J U B K E Q M B I Y D M A T M V J
Y C R P S X K S M U X T N K Q O M
M U Q V P I E Y N A S Z H Z M D P
Q T Z N N G G Z O S Q A G R M O Y
H T N V W V S Q V K L G P Q A I N
U X I I W Q N E C K A E I L O J U
Y O U R C H O I C E F R M U D Q I
Y U W L I P S U X G Z N S E J H Y
Y D N I P P L E L F B S Q S L I D
E B B O O B S G S E Z W K Y J I U
E E P A L Y M U J W V Q H J J E F
H A T H I G H T V A V V K G Z N O
A R U H M F E O E G E B O W T M O
N M H O U M Z P X B K V E Q M P T
D A S S Y B U F E Z W D A Z N Y J
C H J C P V I S Q I H I R K M E I
Q M Y N A V E L Z O V Z S U A C R
```

ACTION

```
K I S S R S Q L W W B B T J M Q S
K K A I G L N A C I T Z K J Z N M
B F Q U S K Z V F E M B R A C E N
Q H Y W B O D S C D R W P G A V B
Q U O N M T O T R B S R T B O O K
P F U M C P G Z O A H B M C R I V
P L R P I Q I S J J T F Q Z I Q D
C A C C K A I T U U B X Y A B G E
A V H R D Z J R X E N Q P F K A K
V T O T O U C H F O V L C Y H U V
V X I S Q I Q E V C I P V K N V P
K P C K R H K R U R Z A K B L O W
M S E Q S K E C B E P L Z E D X Y
Q L Q M U Z F N Q X T J N D Q F W
T Z T I C K L E O V C E S I W X S
Y T B Q K T D M A S S A G E I J J
Q K B V X L I C K S I I B N H Q H
```

BODY PART

```
N  A  V  E  L  Y  Z  G  R  F  Y  P  B  W  R  T  W
T  M  D  E  V  G  E  I  E  C  C  G  X  A  X  I  E
W  I  F  J  D  T  Z  G  V  L  F  H  W  R  R  N  L
M  Z  P  P  E  Q  C  B  J  K  E  M  L  D  F  K  S
Z  W  K  Z  K  F  O  O  H  X  F  Z  D  J  B  D  L
T  K  T  Y  P  V  T  O  Q  T  O  A  N  M  V  M  B
T  W  M  T  M  A  U  B  B  V  P  F  K  T  X  I  T
Z  Y  N  E  I  S  F  S  U  E  J  Y  A  H  B  N  O
O  O  V  S  O  M  S  N  F  A  H  O  Z  I  Z  E  A
A  I  H  P  Y  E  E  Y  C  R  L  U  L  G  O  C  N
S  L  C  N  Q  N  B  F  I  S  U  R  I  H  I  K  E
S  K  T  I  F  Q  F  A  E  M  A  C  E  K  C  I  H
Y  V  S  P  I  W  W  Q  U  V  F  H  G  V  K  D  E
D  W  T  P  O  F  O  O  T  S  F  O  S  Q  I  R  Q
G  T  K  L  X  O  J  T  X  A  Y  I  A  L  I  P  S
E  M  G  E  T  U  R  J  A  Y  Z  C  T  K  U  R  C
O  J  Z  D  X  D  R  B  Y  F  A  E  H  A  N  D  O
```

ACTION

```
T Y P D S L K X D Z D J X Y Y N W
B W L F O R L A H P T C C Y I L G
H K U J K Z E H P C E G W M W N A
C X H S I D G L I C K T R G N O S
T M Y D S Q I O C T X H E G G S V
U T I C K L E D R W E U P L G E K
G A I M Y T Y I Z A M W T T U I G
A D Y Z D S E O H G B J O M T S Y
M X W X W L F X X E R T U W K U O
Z Z X P E T T V D H A G C L H C U
D F P Q A W X N Q T C D H U E K R
G R R C O D J M Q G E G M P Q A C
B P L E Y A W U O V T T H Z U I H
L L M Y E I G A G M A S S A G E O
O C E V K K B O H R W K L C N N I
W Y K I S S F B K Y N Q D P T P C
I H I H X I A S D X B D Q Q R Q E
```

BODY PART

```
A O Q R P M M I W M O Z G I L U D
Q O P D S P Y T K C J X D L D U S
A H Z I Z T Y R B T Q O I E L N Z
Y O U R C H O I C E K Y E A Y A X
Y U V P K Y H T B Q I Y E R F F L
Z A K Y V K G N L T A F B S N O X
D J N W M A D T I W A D O D R O F
F N A V E L R J P K S G Q C Q T C
G U P Y W K E O S S F J K B U J Z
T W T I I C Q M M I Z N W J S B J
F D W N I P P L E Y T E E C O E H
E X S Q T A K F J D C C R D Z V A
Q A Y I G S O J M B T K B W T V N
M R V E Q S B Y V O W G D D V Z D
T X W J M G D U E O Y I B E I S X
V F R M M R J K T B T H I G H R S
L H W Q W M G V H S C D S U Q V Q
```

ACTION

```
H J Q L L S Y D V S X L J A K Z O
E Z G Q W Y R F W Z P V M B N N T
R Q M P N E Y O U R C H O I C E U
N F N H Z K H I M Y M I P O W C U
R L S H R V K N T S M I R B X T X
C M Z K U H G X D H F L I C K D T
V U V J Q W M K G L X A P Q T J F
T T B F Q S U C K T U P X B D Y X
L J N D T A V V E B C H J V T P B
Z H A S B L O W L G K I S S I D C
A B Z P E M B R A C E K L N C Y J
T U Y R F C C C O B R T V N K I Z
J A R D K S K A O X T O X J L V W
M A S S A G E W Y N Q U K Z E J F
O H U Z A K S U Z X Y C T Z N T R
J L Z U Z N T S N P L H K H H Z T
B G R T G T B T B W M S I O I V R
```

BODY PART

```
D H Y J F O O T Q R Z A Y Z O L J
B O Q L R R H L M C X Q O F L Z B
N X H G E F N C J G X M W W Q W O
U A E Q L A J Y L T X A P O S W O
U W D Q M B D N H I Q O R Z P X B
I P R U X V B E E W Y L U L L L S
G B F P Q W E C E R O I Q V R C V
S F M S Q V K K Z D U P E K X M N
E F I V N Y Q N G I R S F M N E Y
N A Q G R Q T E K M C W Q X I A W
I A S S F Z A Q T G H Z L J D R D
P H Q J F F D G W Y O K Q H R S K
P X D U R Y H A N D I Q J J B E E
L M H T H I G H U R C N J H G J V
E K O X N A V E L S E R F Y B T T
S Q U W S T P J B G A G D S R N B
T A B W O E V Q V P G D S U E V X
```

ACTION

```
H J Q L L S Y D V S X L J A K Z O
E Z G Q W Y R F W Z P V M B N N T
R Q M P N E Y O U R C H O I C E U
N F N H Z K H I M Y M I P O W C U
R L S H R V K N T S M I R B X T X
C M Z K U H G X D H F L I C K D T
V U V J Q W M K G L X A P Q T J F
T T B F Q S U C K T U P X B D Y X
L J N D T A V V E B C H J V T P B
Z H A S B L O W L G K I S S I D C
A B Z P E M B R A C E K L N C Y J
T U Y R F C C C O B R T V N K I Z
J A R D K S K A O X T O X J L V W
M A S S A G E W Y N Q U K Z E J F
O H U Z A K S U Z X Y C T Z N T R
J L Z U Z N T S N P L H K H H Z T
B G R T G T B T B W M S I O I U R
```

BODY PART

```
J U B K E Q M B I Y D M A T M V J
Y C R P S X K S M U X T N K Q O M
M U Q V P I E Y N A S Z H Z M D P
Q T Z N N G G Z O S Q A G R M O Y
H T N V W V S Q V K L G P Q A I N
U X I I W Q N E C K A E I L O J U
Y O U R C H O I C E F R M U D Q I
Y U W L I P S U X G Z N S E J H Y
Y D N I P P L E L F B S Q S L I D
E B B O O B S G S E Z W K Y J I U
E E P A L Y M U J W V Q H J J E F
H A T H I G H T V A V V K G Z N O
A R U H M F E O E G E B O W T M O
N M H O U M Z P X B K V E Q M P T
D A S S Y B U F E Z W D A Z N Y J
C H J C P V I S Q I H I R K M E I
Q M Y N A V E L Z O V Z S U A C R
```

ACTION

```
K  I  S  S  R  S  Q  L  W  W  B  B  T  J  M  Q  S
K  K  A  I  G  L  N  A  C  I  T  Z  K  J  Z  N  M
B  F  Q  U  S  K  Z  V  F  E  M  B  R  A  C  E  N
Q  H  Y  W  B  O  D  S  C  D  R  W  P  G  A  V  B
Q  U  O  N  M  T  O  T  R  B  S  R  T  B  O  O  K
P  F  U  M  C  P  G  Z  O  A  H  B  M  C  R  I  V
P  L  R  P  I  Q  I  S  J  J  T  F  Q  Z  I  Q  D
C  A  C  C  K  A  I  T  U  U  B  X  Y  A  B  G  E
A  V  H  R  D  Z  J  R  X  E  N  Q  P  F  K  A  K
V  T  O  T  O  U  C  H  F  O  V  L  C  Y  H  U  V
V  X  I  S  Q  I  Q  E  V  C  I  P  V  K  N  V  P
K  P  C  K  R  H  K  R  U  R  Z  A  K  B  L  O  W
M  S  E  Q  S  K  E  C  B  E  P  L  Z  E  D  X  Y
Q  L  Q  M  U  Z  F  N  Q  X  T  J  N  D  Q  F  W
T  Z  T  I  C  K  L  E  O  V  C  E  S  I  W  X  S
Y  T  B  Q  K  T  D  M  A  S  S  A  G  E  I  J  J
Q  K  B  V  X  L  I  C  K  S  I  I  B  N  H  Q  H
```

BODY PART

N A V E L Y Z G R F Y P B W R T W
T M D E V G E I E C C G X A X I E
W I F J D T Z G V L F H W R R N L
M Z P P E Q C B J K E M L D F K S
Z W K Z K F O O H X F Z D J B D L
T K T Y P V T O Q T O A N M V M B
T W M T M A U B B V P F K T X I T
Z Y N E I S F S U E J Y A H B N O
O O V S O M S N F A H O Z I Z E A
A I H P Y E E Y C R L U L G O C N
S L C N Q N B F I S U R I H I K E
S K T I F Q F A E M A C E K C I H
Y V S P I W W Q U V F H G V K D E
D W T P O F O O T S F O S Q I R Q
G T K L X O J T X A Y I A L I P S
E M G E T U R J A Y Z C T K U R C
O J Z D X D R B Y F A E H A N D O

ACTION

```
T Y P D S L K X D Z D J X Y Y N W
B W L F O R L A H P T C C Y I L G
H K U J K Z E H P C E G W M W N A
C X H S I D G L I C K T R G N O S
T M Y D S Q I O C T X H E G G S V
U T I C K L E D R W E U P L G E K
G A I M Y T Y I Z A M W T T U I G
A D Y Z D S E O H G B J O M T S Y
M X W X W L F X X E R T U W K U O
Z Z X P E T T V D H A G C L H C U
D F P Q A W X N Q T C D H U E K R
G R R C O D J M Q G E G M P Q A C
B P L E Y A W U O V T T H Z U I H
L L M Y E I G A G M A S S A G E O
O C E V K K B O H R W K L C N N I
W Y K I S S F B K Y N Q D P T P C
I H I H X I A S D X B D Q Q R Q E
```

BODY PART

```
A O Q R P M M I W M O Z G I L U D
Q O P D S P Y T K C J X D L D U S
A H Z I Z T Y R B T Q O I E L N Z
Y O U R C H O I C E K Y E A Y A X
Y U V P K Y H T B Q I Y E R F F L
Z A K Y V K G N L T A F B S N O X
D J N W M A D T I W A D O D R O F
F N A V E L R J P K S G Q C Q T C
G U P Y W K E O S S F J K B U J Z
T W T I I C Q M M I Z N W J S B J
F D W N I P P L E Y T E E C O E H
E X S Q T A K F J D C C R D Z V A
Q A Y I G S O J M B T K B W T V N
M R V E Q S B Y V O W G D D V Z D
T X W J M G D U E O Y I B E I S X
V F R M M R J K T B T H I G H R S
L H W Q W M G V H S C D S U Q V Q
```

ACTION

```
H J Q L L S Y D V S X L J A K Z O
E Z G Q W Y R F W Z P V M B N N T
R Q M P N E Y O U R C H O I C E U
N F N H Z K H I M Y M I P O W C U
R L S H R V K N T S M I R B X T X
C M Z K U H G X D H F L I C K D T
V U V J Q W M K G L X A P Q T J F
T T B F Q S U C K T U P X B D Y X
L J N D T A V V E B C H J V T P B
Z H A S B L O W L G K I S S I D C
A B Z P E M B R A C E K L N C Y J
T U Y R F C C C O B R T V N K I Z
J A R D K S K A O X T O X J L V W
M A S S A G E W Y N Q U K Z E J F
O H U Z A K S U Z X Y C T Z N T R
J L Z U Z N T S N P L H K H H Z T
B G R T G T B T B W M S I O I U R
```

BODY PART

D H Y J F O O T Q R Z A Y Z O L J
B O Q L R R H L M C X Q O F L Z B
N X H G E F N C J G X M W W Q W O
U A E Q L A J Y L T X A P O S W O
U W D Q M B D N H I Q O R Z P X B
I P R U X V B E E W Y L U L L L S
G B F P Q W E C E R O I Q V R C V
S F M S Q V K K Z D U P E K X M N
E F I V N Y Q N G I R S F M N E Y
N A Q G R Q T E K M C W Q X I A W
I A S S F Z A Q T G H Z L J D R D
P H Q J F F D G W Y O K Q H R S K
P X D U R Y H A N D I Q J J B E E
L M H T H I G H U R C N J H G J V
E K O X N A V E L S E R F Y B T T
S Q U W S T P J B G A G D S R N B
T A B W O E V Q V P G D S U E V X

ACTION

```
H  J  Q  L  L  S  Y  D  V  S  X  L  J  A  K  Z  O
E  Z  G  Q  W  Y  R  F  W  Z  P  V  M  B  N  N  T
R  Q  M  P  N  E  Y  O  U  R  C  H  O  I  C  E  U
N  F  N  H  Z  K  H  I  M  Y  M  I  P  O  W  C  U
R  L  S  H  R  V  K  N  T  S  M  I  R  B  X  T  X
C  M  Z  K  U  H  G  X  D  H  F  L  I  C  K  D  T
V  U  V  J  Q  W  M  K  G  L  X  A  P  Q  T  J  F
T  T  B  F  Q  S  U  C  K  T  U  P  X  B  D  Y  X
L  J  N  D  T  A  V  V  E  B  C  H  J  V  T  P  B
Z  H  A  S  B  L  O  W  L  G  K  I  S  S  I  D  C
A  B  Z  P  E  M  B  R  A  C  E  K  L  N  C  Y  J
T  U  Y  R  F  C  C  C  O  B  R  T  V  N  K  I  Z
J  A  R  D  K  S  K  A  O  X  T  O  X  J  L  V  W
M  A  S  S  A  G  E  W  Y  N  Q  U  K  Z  E  J  F
O  H  U  Z  A  K  S  U  Z  X  Y  C  T  Z  N  T  R
J  L  Z  U  Z  N  T  S  N  P  L  H  K  H  H  Z  T
B  G  R  T  G  T  B  T  B  W  M  S  I  O  I  U  R
```

BODY PART

```
J U B K E Q M B I Y D M A T M V J
Y C R P S X K S M U X T N K Q O M
M U Q V P I E Y N A S Z H Z M D P
Q T Z N N G G Z O S Q A G R M O Y
H T N V W V S Q V K L G P Q A I N
U X I I W Q N E C K A E I L O J U
Y O U R C H O I C E F R M U D Q I
Y U W L I P S U X G Z N S E J H Y
Y D N I P P L E L F B S Q S L I D
E B B O O B S G S E Z W K Y J I V
E E P A L Y M U J W V Q H J J E F
H A T H I G H T V A V V K G Z N O
A R U H M F E O E G E B O W T M O
N M H O U M Z P X B K V E Q M P T
D A S S Y B U F E Z W D A Z N Y J
C H J C P V I S Q I H I R K M E I
Q M Y N A V E L Z O V Z S U A C R
```

ACTION

```
K I S S R S Q L W W B B T J M Q S
K K A I G L N A C I T Z K J Z N M
B F Q U S K Z V F E M B R A C E N
Q H Y W B O D S C D R W P G A V B
Q U O N M T O T R B S R T B O O K
P F U M C P G Z O A H B M C R I V
P L R P I Q I S J J T F Q Z I Q D
C A C C K A I T U U B X Y A B G E
A V H R D Z J R X E N Q P F K A K
V T O T O U C H F O V L C Y H U V
V X I S Q I Q E V C I P V K N V P
K P C K R H K R U R Z A K B L O W
M S E Q S K E C B E P L Z E D X Y
Q L Q M U Z F N Q X T J N D Q F W
T Z T I C K L E O V C E S I W X S
Y T B Q K T D M A S S A G E I J J
Q K B V X L I C K S I I B N H Q H
```

BODY PART

```
N A V E L Y Z G R F Y P B W R T W
T M D E V G E I E C C G X A X I E
W I F J D T Z G V L F H W R R N L
M Z P P E Q C B J K E M L D F K S
Z W K Z K F O O H X F Z D J B D L
T K T Y P V T O Q T O A N M V M B
T W M T M A U B B V P F K T X I T
Z Y N E I S F S U E J Y A H B N O
O O V S O M S N F A H O Z I Z E A
A I H P Y E E Y C R L U L G O C N
S L C N Q N B F I S U R I H I K E
S K T I F Q F A E M A C E K C I H
Y V S P I W W Q U V F H G V K D E
D W T P O F O O T S F O S Q I R Q
G T K L X O J T X A Y I A L I P S
E M G E T U R J A Y Z C T K U R C
O J Z D X D R B Y F A E H A N D O
```

ACTION

```
T Y P D S L K X D Z D J X Y Y N W
B W L F O R L A H P T C C Y I L G
H K U J K Z E H P C E G W M W N A
C X H S I D G L I C K T R G N O S
T M Y D S Q I O C T X H E G G S V
U T I C K L E D R W E U P L G E K
G A I M Y T Y I Z A M W T T U I G
A D Y Z D S E O H G B J O M T S Y
M X W X W L F X X E R T U W K U O
Z Z X P E T T V D H A G C L H C U
D F P Q A W X N Q T C D H U E K R
G R R C O D J M Q G E G M P Q A C
B P L E Y A W U O V T T H Z U I H
L L M Y E I G A G M A S S A G E O
O C E V K K B O H R W K L C N N I
W Y K I S S F B K Y N Q D P T P C
I H I H X I A S D X B D Q Q R Q E
```

BODY PART

```
A O Q R P M M I W M O Z G I L U D
Q O P D S P Y T K C J X D L D U S
A H Z I Z T Y R B T Q O I E L N Z
Y O U R C H O I C E K Y E A Y A X
Y U V P K Y H T B Q I Y E R F F L
Z A K Y V K G N L T A F B S N O X
D J N W M A D T I W A D O D R O F
F N A V E L R J P K S G Q C Q T C
G U P Y W K E O S S F J K B U J Z
T W T I I C Q M M I Z N W J S B J
F D W N I P P L E Y T E E C O E H
E X S Q T A K F J D C C R D Z V A
Q A Y I G S O J M B T K B W T V N
M R V E Q S B Y V O W G D D V Z D
T X W J M G D U E O Y I B E I S X
V F R M M R J K T B T H I G H R S
L H W Q W M G V H S C D S U Q V Q
```

ACTION

```
H J Q L L S Y D V S X L J A K Z O
E Z G Q W Y R F W Z P V M B N N T
R Q M P N E Y O U R C H O I C E U
N F N H Z K H I M Y M I P O W C U
R L S H R V K N T S M I R B X T X
C M Z K U H G X D H F L I C K D T
V U V J Q W M K G L X A P Q T J F
T T B F Q S U C K T U P X B D Y X
L J N D T A V V E B C H J V T P B
Z H A S B L O W L G K I S S I D C
A B Z P E M B R A C E K L N C Y J
T U Y R F C C C O B R T V N K I Z
J A R D K S K A O X T O X J L V W
M A S S A G E W Y N Q U K Z E J F
O H U Z A K S U Z X Y C T Z N T R
J L Z U Z N T S N P L H K H H Z T
B G R T G T B T B W M S I O I U R
```

BODY PART

```
D H Y J F O O T Q R Z A Y Z O L J
B O Q L R R H L M C X Q O F L Z B
N X H G E F N C J G X M W W Q W O
U A E Q L A J Y L T X A P O S W O
U W D Q M B D N H I Q O R Z P X B
I P R U X V B E E W Y L U L L L S
G B F P Q W E C E R O I Q V R C V
S F M S Q V K K Z D U P E K X M N
E F I V N Y Q N G I R S F M N E Y
N A Q G R Q T E K M C W Q X I A W
I A S S F Z A Q T G H Z L J D R D
P H Q J F F D G W Y O K Q H R S K
P X D U R Y H A N D I Q J J B E E
L M H T H I G H U R C N J H G J V
E K O X N A V E L S E R F Y B T T
S Q U W S T P J B G A G D S R N B
T A B W O E V Q V P G D S U E V X
```

ACTION

```
H J Q L L S Y D V S X L J A K Z O
E Z G Q W Y R F W Z P V M B N N T
R Q M P N E Y O U R C H O I C E U
N F N H Z K H I M Y M I P O W C U
R L S H R V K N T S M I R B X T X
C M Z K U H G X D H F L I C K D T
V U V J Q W M K G L X A P Q T J F
T T B F Q S U C K T U P X B D Y X
L J N D T A V V E B C H J V T P B
Z H A S B L O W L G K I S S I D C
A B Z P E M B R A C E K L N C Y J
T U Y R F C C C O B R T V N K I Z
J A R D K S K A O X T O X J L V W
M A S S A G E W Y N Q U K Z E J F
O H U Z A K S U Z X Y C T Z N T R
J L Z U Z N T S N P L H K H H Z T
B G R T G T B T B W M S I O I V R
```

BODY PART

```
J U B K E Q M B I Y D M A T M V J
Y C R P S X K S M U X T N K Q O M
M U Q V P I E Y N A S Z H Z M D P
Q T Z N N G G Z O S Q A G R M O Y
H T N V W V S Q V K L G P Q A I N
U X I I W Q N E C K A E I L O J U
Y O U R C H O I C E F R M U D Q I
Y U W L I P S U X G Z N S E J H Y
Y D N I P P L E L F B S Q S L I D
E B B O O B S G S E Z W K Y J I U
E E P A L Y M U J W V Q H J J E F
H A T H I G H T V A V V K G Z N O
A R U H M F E O E G E B O W T M O
N M H O U M Z P X B K V E Q M P T
D A S S Y B U F E Z W D A Z N Y J
C H J C P V I S Q I H I R K M E I
Q M Y N A V E L Z O V Z S U A C R
```

ACTION

```
K  I  S  S  R  S  Q  L  W  W  B  B  T  J  M  Q  S
K  K  A  I  G  L  N  A  C  I  T  Z  K  J  Z  N  M
B  F  Q  U  S  K  Z  V  F  E  M  B  R  A  C  E  N
Q  H  Y  W  B  O  D  S  C  D  R  W  P  G  A  V  B
Q  U  O  N  M  T  O  T  R  B  S  R  T  B  O  O  K
P  F  U  M  C  P  G  Z  O  A  H  B  M  C  R  I  V
P  L  R  P  I  Q  I  S  J  J  T  F  Q  Z  I  Q  D
C  A  C  C  K  A  I  T  U  U  B  X  Y  A  B  G  E
A  V  H  R  D  Z  J  R  X  E  N  Q  P  F  K  A  K
V  T  O  T  O  U  C  H  F  O  V  L  C  Y  H  U  V
V  X  I  S  Q  I  Q  E  V  C  I  P  V  K  N  V  P
K  P  C  K  R  H  K  R  U  R  Z  A  K  B  L  O  W
M  S  E  Q  S  K  E  C  B  E  P  L  Z  E  D  X  Y
Q  L  Q  M  U  Z  F  N  Q  X  T  J  N  D  Q  F  W
T  Z  T  I  C  K  L  E  O  V  C  E  S  I  W  X  S
Y  T  B  Q  K  T  D  M  A  S  S  A  G  E  I  J  J
Q  K  B  V  X  L  I  C  K  S  I  I  B  N  H  Q  H
```

BODY PART

```
N  A  V  E  L  Y  Z  G  R  F  Y  P  B  W  R  T  W
T  M  D  E  V  G  E  I  E  C  C  G  X  A  X  I  E
W  I  F  J  D  T  Z  G  V  L  F  H  W  R  R  N  L
M  Z  P  P  E  Q  C  B  J  K  E  M  L  D  F  K  S
Z  W  K  Z  K  F  O  O  H  X  F  Z  D  J  B  D  L
T  K  T  Y  P  V  T  O  Q  T  O  A  N  M  V  M  B
T  W  M  T  M  A  U  B  B  V  P  F  K  T  X  I  T
Z  Y  N  E  I  S  F  S  U  E  J  Y  A  H  B  N  O
O  O  V  S  O  M  S  N  F  A  H  O  Z  I  Z  E  A
A  I  H  P  Y  E  E  Y  C  R  L  U  L  G  O  C  N
S  L  C  N  Q  N  B  F  I  S  U  R  I  H  I  K  E
S  K  T  I  F  Q  F  A  E  M  A  C  E  K  C  I  H
Y  V  S  P  I  W  W  Q  U  V  F  H  G  V  K  D  E
D  W  T  P  O  F  O  O  T  S  F  O  S  Q  I  R  Q
G  T  K  L  X  O  J  T  X  A  Y  I  A  L  I  P  S
E  M  G  E  T  U  R  J  A  Y  Z  C  T  K  U  R  C
O  J  Z  D  X  D  R  B  Y  F  A  E  H  A  N  D  O
```

ACTION

```
T Y P D S L K X D Z D J X Y Y N W
B W L F O R L A H P T C C Y I L G
H K U J K Z E H P C E G W M W N A
C X H S I D G L I C K T R G N O S
T M Y D S Q I O C T X H E G G S V
U T I C K L E D R W E U P L G E K
G A I M Y T Y I Z A M W T T U I G
A D Y Z D S E O H G B J O M T S Y
M X W X W L F X X E R T U W K U O
Z Z X P E T T V D H A G C L H C U
D F P Q A W X N Q T C D H U E K R
G R R C O D J M Q G E G M P Q A C
B P L E Y A W U O V T T H Z U I H
L L M Y E I G A G M A S S A G E O
O C E V K K B O H R W K L C N N I
W Y K I S S F B K Y N Q D P T P C
I H I H X I A S D X B D Q Q R Q E
```

BODY PART

```
A O Q R P M M I W M O Z G I L U D
Q O P D S P Y T K C J X D L D U S
A H Z I Z T Y R B T Q O I E L N Z
Y O U R C H O I C E K Y E A Y A X
Y U V P K Y H T B Q I Y E R F F L
Z A K Y V K G N L T A F B S N O X
D J N W M A D T I W A D O D R O F
F N A V E L R J P K S G Q C Q T C
G U P Y W K E O S S F J K B U J Z
T W T I I C Q M M I Z N W J S B J
F D W N I P P L E Y T E E C O E H
E X S Q T A K F J D C C R D Z V A
Q A Y I G S O J M B T K B W T V N
M R V E Q S B Y V O W G D D V Z D
T X W J M G D U E O Y I B E I S X
V F R M M R J K T B T H I G H R S
L H W Q W M G V H S C D S U Q V Q
```

ACTION

```
H J Q L L S Y D V S X L J A K Z O
E Z G Q W Y R F W Z P V M B N N T
R Q M P N E Y O U R C H O I C E U
N F N H Z K H I M Y M I P O W C U
R L S H R V K N T S M I R B X T X
C M Z K U H G X D H F L I C K D T
V U V J Q W M K G L X A P Q T J F
T T B F Q S U C K T U P X B D Y X
L J N D T A V V E B C H J V T P B
Z H A S B L O W L G K I S S I D C
A B Z P E M B R A C E K L N C Y J
T U Y R F C C C O B R T V N K I Z
J A R D K S K A O X T O X J L V W
M A S S A G E W Y N Q U K Z E J F
O H U Z A K S U Z X Y C T Z N T R
J L Z U Z N T S N P L H K H H Z T
B G R T G T B T B W M S I O I U R
```

BODY PART

```
D H Y J F O O T Q R Z A Y Z O L J
B O Q L R R H L M C X Q O F L Z B
N X H G E F N C J G X M W W Q W O
U A E Q L A J Y L T X A P O S W O
U W D Q M B D N H I Q O R Z P X B
I P R U X V B E E W Y L U L L L S
G B F P Q W E C E R O I Q V R C V
S F M S Q V K K Z D U P E K X M N
E F I V N Y Q N G I R S F M N E Y
N A Q G R Q T E K M C W Q X I A W
I A S S F Z A Q T G H Z L J D R D
P H Q J F F D G W Y O K Q H R S K
P X D U R Y H A N D I Q J J B E E
L M H T H I G H U R C N J H G J V
E K O X N A V E L S E R F Y B T T
S Q U W S T P J B G A G D S R N B
T A B W O E V Q V P G D S U E V X
```

ACTION

```
H J Q L L S Y D V S X L J A K Z O
E Z G Q W Y R F W Z P V M B N N T
R Q M P N E Y O U R C H O I C E U
N F N H Z K H I M Y M I P O W C U
R L S H R V K N T S M I R B X T X
C M Z K U H G X D H F L I C K D T
V U V J Q W M K G L X A P Q T J F
T T B F Q S U C K T U P X B D Y X
L J N D T A V V E B C H J V T P B
Z H A S B L O W L G K I S S I D C
A B Z P E M B R A C E K L N C Y J
T U Y R F C C C O B R T V N K I Z
J A R D K S K A O X T O X J L V W
M A S S A G E W Y N Q U K Z E J F
O H U Z A K S U Z X Y C T Z N T R
J L Z U Z N T S N P L H K H H Z T
B G R T G T B T B W M S I O I U R
```

BODY PART

```
J U B K E Q M B I Y D M A T M V J
Y C R P S X K S M U X T N K Q O M
M U Q V P I E Y N A S Z H Z M D P
Q T Z N N G G Z O S Q A G R M O Y
H T N V W V S Q V K L G P Q A I N
U X I I W Q N E C K A E I L O J U
Y O U R C H O I C E F R M U D Q I
Y U W L I P S U X G Z N S E J H Y
Y D N I P P L E L F B S Q S L I D
E B B O O B S G S E Z W K Y J I V
E E P A L Y M U J W V Q H J J E F
H A T H I G H T V A V V K G Z N O
A R U H M F E O E G E B O W T M O
N M H O U M Z P X B K V E Q M P T
D A S S Y B U F E Z W D A Z N Y J
C H J C P V I S Q I H I R K M E I
Q M Y N A V E L Z O V Z S U A C R
```

ACTION

```
K  I  S  S  R  S  Q  L  W  W  B  B  T  J  M  Q  S
K  K  A  I  G  L  N  A  C  I  T  Z  K  J  Z  N  M
B  F  Q  U  S  K  Z  V  F  E  M  B  R  A  C  E  N
Q  H  Y  W  B  O  D  S  C  D  R  W  P  G  A  V  B
Q  U  O  N  M  T  O  T  R  B  S  R  T  B  O  O  K
P  F  U  M  C  P  G  Z  O  A  H  B  M  C  R  I  V
P  L  R  P  I  Q  I  S  J  J  T  F  Q  Z  I  Q  D
C  A  C  C  K  A  I  T  U  U  B  X  Y  A  B  G  E
A  V  H  R  D  Z  J  R  X  E  N  Q  P  F  K  A  K
V  T  O  T  O  U  C  H  F  O  V  L  C  Y  H  U  V
V  X  I  S  Q  I  Q  E  V  C  I  P  V  K  N  V  P
K  P  C  K  R  H  K  R  U  R  Z  A  K  B  L  O  W
M  S  E  Q  S  K  E  C  B  E  P  L  Z  E  D  X  Y
Q  L  Q  M  U  Z  F  N  Q  X  T  J  N  D  Q  F  W
T  Z  T  I  C  K  L  E  O  V  C  E  S  I  W  X  S
Y  T  B  Q  K  T  D  M  A  S  S  A  G  E  I  J  J
Q  K  B  V  X  L  I  C  K  S  I  I  B  N  H  Q  H
```

BODY PART

```
N A V E L Y Z G R F Y P B W R T W
T M D E V G E I E C C G X A X I E
W I F J D T Z G V L F H W R R N L
M Z P P E Q C B J K E M L D F K S
Z W K Z K F O O H X F Z D J B D L
T K T Y P V T O Q T O A N M V M B
T W M T M A U B B V P F K T X I T
Z Y N E I S F S U E J Y A H B N O
O O V S O M S N F A H O Z I Z E A
A I H P Y E E Y C R L U L G O C N
S L C N Q N B F I S U R I H I K E
S K T I F Q F A E M A C E K C I H
Y V S P I W W Q U V F H G V K D E
D W T P O F O O T S F O S Q I R Q
G T K L X O J T X A Y I A L I P S
E M G E T U R J A Y Z C T K U R C
O J Z D X D R B Y F A E H A N D O
```

ACTION

```
T Y P D S L K X D Z D J X Y Y N W
B W L F O R L A H P T C C Y I L G
H K U J K Z E H P C E G W M M N A
C X H S I D G L I C K T R G N O S
T M Y D S Q I O C T X H E G G S V
U T I C K L E D R W E U P L G E K
G A I M Y T Y I Z A M W T T U I G
A D Y Z S E O H G B J O M T S Y
M X W X W L F X X E R T U W K U O
Z Z X P E T T V D H A G C L H C U
D F P Q A W X N Q T C D H U E K R
G R R C O D J M Q G E G M P Q A C
B P L E Y A W U O V T T H Z U I H
L L M Y E I G A G M A S S A G E O
O C E V K K B O H R W K L C N N I
W Y K I S S F B K Y N Q D P T P C
I H I H X I A S D X B D Q Q R Q E
```

BODY PART

```
A  O  Q  R  P  M  M  I  W  M  O  Z  G  I  L  U  D
Q  O  P  D  S  P  Y  T  K  C  J  X  D  L  D  U  S
A  H  Z  I  Z  T  Y  R  B  T  Q  O  I  E  L  N  Z
Y  O  U  R  C  H  O  I  C  E  K  Y  E  A  Y  A  X
Y  U  V  P  K  Y  H  T  B  Q  I  Y  E  R  F  F  L
Z  A  K  Y  V  K  G  N  L  T  A  F  B  S  N  O  X
D  J  N  W  M  A  D  T  I  W  A  D  O  D  R  O  F
F  N  A  V  E  L  R  J  P  K  S  G  Q  C  Q  T  C
G  U  P  Y  W  K  E  O  S  S  F  J  K  B  U  J  Z
T  W  T  I  I  C  Q  M  M  I  Z  N  W  J  S  B  J
F  D  W  N  I  P  P  L  E  Y  T  E  E  C  O  E  H
E  X  S  Q  T  A  K  F  J  D  C  C  R  D  Z  V  A
Q  A  Y  I  G  S  O  J  M  B  T  K  B  W  T  V  N
M  R  V  E  Q  S  B  Y  V  O  W  G  D  D  V  Z  D
T  X  W  J  M  G  D  U  E  O  Y  I  B  E  I  S  X
V  F  R  M  M  R  J  K  T  B  T  H  I  G  H  R  S
L  H  W  Q  W  M  G  V  H  S  C  D  S  U  Q  V  Q
```

ACTION

```
H J Q L L S Y D V S X L J A K Z O
E Z G Q W Y R F W Z P V M B N N T
R Q M P N E Y O U R C H O I C E U
N F N H Z K H I M Y M I P O W C U
R L S H R V K N T S M I R B X T X
C M Z K U H G X D H F L I C K D T
V U V J Q W M K G L X A P Q T J F
T T B F Q S U C K T U P X B D Y X
L J N D T A V V E B C H J V T P B
Z H A S B L O W L G K I S S I D C
A B Z P E M B R A C E K L N C Y J
T U Y R F C C C O B R T V N K I Z
J A R D K S K A O X T O X J L V W
M A S S A G E W Y N Q U K Z E J F
O H U Z A K S U Z X Y C T Z N T R
J L Z U Z N T S N P L H K H H Z T
B G R T G T B T B W M S I O I U R
```

BODY PART

```
D H Y J F O O T Q R Z A Y Z O L J
B O Q L R R H L M C X Q O F L Z B
N X H G E F N C J G X M W W Q W O
U A E Q L A J Y L T X A P O S W O
U W D Q M B D N H I Q O R Z P X B
I P R U X V B E E W Y L U L L L S
G B F P Q W E C E R O I Q V R C V
S F M S Q V K K Z D U P E K X M N
E F I V N Y Q N G I R S F M N E Y
N A Q G R Q T E K M C W Q X I A W
I A S S F Z A Q T G H Z L J D R D
P H Q J F F D G W Y O K Q H R S K
P X D U R Y H A N D I Q J J B E E
L M H T H I G H U R C N J H G J V
E K O X N A V E L S E R F Y B T T
S Q U W S T P J B G A G D S R N B
T A B W O E V Q V P G D S U E V X
```

ACTION

```
H J Q L L S Y D V S X L J A K Z O
E Z G Q W Y R F W Z P V M B N N T
R Q M P N E Y O U R C H O I C E U
N F N H Z K H I M Y M I P O W C U
R L S H R V K N T S M I R B X T X
C M Z K U H G X D H F L I C K D T
V U V J Q W M K G L X A P Q T J F
T T B F Q S U C K T U P X B D Y X
L J N D T A V V E B C H J V T P B
Z H A S B L O W L G K I S S I D C
A B Z P E M B R A C E K L N C Y J
T U Y R F C C C O B R T V N K I Z
J A R D K S K A O X T O X J L V W
M A S S A G E W Y N Q U K Z E J F
O H U Z A K S U Z X Y C T Z N T R
J L Z U Z N T S N P L H K H H Z T
B G R T G T B T B W M S I O I V R
```

BODY PART

```
J  U  B  K  E  Q  M  B  I  Y  D  M  A  T  M  V  J
Y  C  R  P  S  X  K  S  M  U  X  T  N  K  Q  O  M
M  U  Q  V  P  I  E  Y  N  A  S  Z  H  Z  M  D  P
Q  T  Z  N  N  G  G  Z  O  S  Q  A  G  R  M  O  Y
H  T  N  V  W  V  S  Q  V  K  L  G  P  Q  A  I  N
U  X  I  I  W  Q  N  E  C  K  A  E  I  L  O  J  U
Y  O  U  R  C  H  O  I  C  E  F  R  M  U  D  Q  I
Y  U  W  L  I  P  S  U  X  G  Z  N  S  E  J  H  Y
Y  D  N  I  P  P  L  E  L  F  B  S  Q  S  L  I  D
E  B  B  O  O  B  S  G  S  E  Z  W  K  Y  J  I  U
E  E  P  A  L  Y  M  U  J  W  V  Q  H  J  J  E  F
H  A  T  H  I  G  H  T  V  A  V  V  K  G  Z  N  O
A  R  U  H  M  F  E  O  E  G  E  B  O  W  T  M  O
N  M  H  O  U  M  Z  P  X  B  K  V  E  Q  M  P  T
D  A  S  S  Y  B  U  F  E  Z  W  D  A  Z  N  Y  J
C  H  J  C  P  V  I  S  Q  I  H  I  R  K  M  E  I
Q  M  Y  N  A  V  E  L  Z  O  V  Z  S  U  A  C  R
```

ACTION

```
K  I  S  S  R  S  Q  L  W  W  B  B  T  J  M  Q  S
K  K  A  I  G  L  N  A  C  I  T  Z  K  J  Z  N  M
B  F  Q  U  S  K  Z  V  F  E  M  B  R  A  C  E  N
Q  H  Y  W  B  O  D  S  C  D  R  W  P  G  A  V  B
Q  U  O  N  M  T  O  T  R  B  S  R  T  B  O  O  K
P  F  U  M  C  P  G  Z  O  A  H  B  M  C  R  I  V
P  L  R  P  I  Q  I  S  J  J  T  F  Q  Z  I  Q  D
C  A  C  C  K  A  I  T  U  U  B  X  Y  A  B  G  E
A  V  H  R  D  Z  J  R  X  E  N  Q  P  F  K  A  K
V  T  O  T  O  U  C  H  F  O  V  L  C  Y  H  U  V
V  X  I  S  Q  I  Q  E  V  C  I  P  V  K  N  V  P
K  P  C  K  R  H  K  R  U  R  Z  A  K  B  L  O  W
M  S  E  Q  S  K  E  C  B  E  P  L  Z  E  D  X  Y
Q  L  Q  M  U  Z  F  N  Q  X  T  J  N  D  Q  F  W
T  Z  T  I  C  K  L  E  O  V  C  E  S  I  W  X  S
Y  T  B  Q  K  T  D  M  A  S  S  A  G  E  I  J  J
Q  K  B  V  X  L  I  C  K  S  I  I  B  N  H  Q  H
```

Enjoying this notebook?

As we are a small family company, your feedback is highly appreciated and important to us and we would be incredibly grateful if you could take a couple of minutes to leave a quick review.

Many thanks!

Enamoured Books

Printed in the USA
CPSIA information can be obtained
at www.ICGtesting.com
LVHW020809111123
763662LV00011B/829